学習ブックレット

いわゆる「A級戦犯」合祀と靖国問題について

大原 康男

目次

いわゆる「A級戦犯」合祀と靖国問題について

表紙・扉デザイン――株式会社 長正社

本書は、財団法人モラロジー研究所「生涯学習講座」における教養講話(平成十九年五月十九日)の内容をもとに、加筆・編集したものです。

靖国神社問題の始まり

今日、与えられましたテーマである、いわゆる「A級戦犯」合祀《ごうし》は、ここ何十年も前から首相の靖国神社参拝が議論となるたびに、キーワードのごとく取り上げられる言葉です。本日、「A級戦犯」とはいったいどのようなものであるのかという話をこと細かくはしません。これを東京裁判（極東国際軍事裁判）にさかのぼって話をすると、それだけで時間がなくなってしまうからです。「A級戦犯」については必要な限りにおいて触れることもありますが、一応、ご存じであるという前提で話を続けたい。

靖国神社問題が取り上げられるようになってから、もうずいぶん長い歴史があります。その中で、最初に論じられたのは憲法問題としてでした。

昭和四十年代になって、靖国神社を国家でお護《まも》りするという国家護持運動が活発になり、数回にわたって、そのことを目的とした法案「靖国神社法案」が国会に提出されました。しかし、当時の自民党は単独で政権を担っていたにもかかわらず、その運動の中心的な推進勢力であった(財)日本遺族会に対して、政治的な駆け引きの道具にしてしまったということもあって、結局のところ、すべて廃案になりました。

国家護持運動の流れが挫折《ざせつ》したあと、靖国神社をめぐる国民運動の課題として浮かび上がったのが、首相による靖国神社公式参拝を求めるという運動でしたが、これはあとで詳しく触れます。ともあれ、昭和四十年代の国家護持運動は挫折しました。それは国が靖国神社をいかなる方法であれ、国家で護持する、つまり国営化するということは、憲法で定める「政教分離」の原則に抵触《ていしょく》するのではないかという反対論が強かったからです。

では、どうして次に首相の公式参拝が運動として起こったのでしょうか。国家護持運動が最終的に挫折したのは、三木内閣時代でした。そこで、国家護持運動に代わるものとして、三木武夫《みきたけお》首相に首相として八月十五日に靖国神社へ参拝するよう、遺族会をはじめとする多くの国民が求めたのです。毎年、この日には日本武道館で全国戦没者追悼式という無宗教式の式典が政府によって行われていますが、それだけではやはり物足りない。首相が日本武道館の式典で追悼の式辞を述べるだけでなく、靖国神社に参拝してほしいということです。三木首相は戦前も軍部に抵抗したような思想の持ち主でしたから、あまり気が進まなかったようですが、結局、参拝することになりました。昭和五十年のことです。

その際、記者団からの「総理はどのような資格で参拝するのですか」という質問に対して、「総理としての参拝ではなく、渋谷区南平台の一住民、三木武夫として参拝する」というような趣旨の発言をしたのです。おそらく、憲法問題が頭の中をよぎったのでしょう。当日、公用車ではなくタクシーで乗りつけて、記帳の際は「内閣総理大臣」という肩書きを外して「三木武夫」だけで済ませ、昇殿参拝しました。これが「私的参拝」の端緒になった。これ以降、「公式参拝」か「私的参拝」かという議論が十年間続きました。

その三木首相の後を引き継いだ福田赳夫《ふくだたけお》、大平正芳《おおひらまさよし》、鈴木善幸《すずきぜんこう》、中曽根康弘《なかそねやすひろ》と続く歴代の首相は当面「私的参拝」と言わざるを得なくなったわけです。

政教分離と公式参拝の復活

わが国は大東亜戦争に敗北し、米国を中心とする連合国軍に六年八か月間にわたって軍事占領され、さまざまな占領政策を実施されました。

その中の一つ、宗教ならびに教育政策の一環としてなされたのが、昭和二十年十二月十五日の「神道指令」の発令です。指令では、公務員は靖国神社だけでなく、あらゆる神社に公的資格で参拝することが禁じられました。

しかし、吉田茂《よしだしげる》首相は、そのような指令を歯牙《しが》にもかけず、指令が出された直後から伊勢神宮や熱田神宮、あるいは明治神宮に参拝しました。ただ、靖国神社はGHQ（連合国軍最高司令官総司令部）から最も危険視され、睨《にら》まれた神社だったので、すぐには参拝できず、占領も末期になった昭和二十六年十月十八日に参拝しました。実は、その年の九月八日にサンフランシスコ講和条約が締結され、占領の終了も間もなくとなった段階で、わが国が再び主権を回復するということを戦没者をお祀《まつ》りする靖国神社に奉告《ほうこく》するという目的の参拝でした。この年の秋季例大祭に合わせて堂々と参拝したのです。

安倍晋三《あべしんぞう》首相が平成十九年の春季例大祭に際して、真榊《まさかき》を奉納したことがいろいろと話題になりましたが、昭和二十六年に吉田首相が参拝したときは、一対の根付き榊《さかき》を「内閣総理大臣吉田茂」の名で奉納しています。安倍首相の奉納のルーツと言えるものです。

吉田首相は占領が終わったあとも参拝を続けました。次の鳩山一郎《はとやまいちろう》首相は当時病身であり、その次の石橋湛山《いしばしたんざん》首相も短期だったので、靖国神社に参拝していません。その後、岸信介《きしのぶすけ》首相、池田勇人《いけだはやと》首相、佐藤栄作《さとうえいさく》首相、田中角栄《たなかかくえい》首相、そして三木首相と参拝が続いたわけです。

三木首相が八月十五日に参拝するまで、三木首相を含めて戦後の首相による靖国神社参拝は、ほぼ春か秋の例大祭に合わせて行うのが通例でした。吉田首相、岸首相、佐藤首相はほぼぴったり合っていますが、池田首相は、訪米直前に参拝するとか、田中首相は首相就任を奉告するという趣旨の参拝もありました。

このように、参拝の日にちに若干ばらつきはありますが、根付き榊を奉納し、「内閣総理大臣」の肩書きで記帳したうえで昇殿して玉串《たまぐし》を奉奠《ほうてん》するという「公式参拝」が続きました。三木首相自身も昭和四十九年の秋の例大祭まではそうした「公式参拝」でした。

かくして昭和二十六年から五十年までの四半世紀の間、首相が公的な資格で靖国神社を参拝することは、国民の間ではごく当たり前のことでした。ですから、首相が参拝しても、新聞記者が「私的参拝ですか、公的参拝ですか」という野暮《やぼ》な質問をするようなことはなかった。何よりも新聞の記事にもならなかったくらいです。

ところが、昭和五十年八月十五日に三木首相が妙なことを言ったものですから、そこから最初のボタンの掛け違いが起こった。そのため、その後の首相も内心はともあれ、追随せざるを得なくなり、「私的参拝」を標榜《ひょうぼう》し続けましたが、それ以降、私的参拝か公式参拝かという議論が繰り返されることになりました。

そして、中曽根首相になると、三木首相によるボタンの掛け違いを直そうとして、藤波孝生《ふじなみたかお》官房長官のもとに有識者十五名からなる「閣僚の靖国神社参拝問題に関する懇談会（靖国懇）」という私的懇談会が設けられ、熱心な検討が重ねられて昭和六十年八月に報告書が提出されました。その報告書の趣旨は、首相や閣僚等の靖国神社公式参拝は憲法に抵触しないけれども、神道的色彩を薄めて参拝するよう求めるものでした。

この報告書を受け、昭和六十年八月十五日に中曽根首相が靖国神社を参拝したとき、祓《はら》いを受けず、手水《てみず》も取らないという方式でした。しかも、通常ならば昇殿参拝は参集所から参入することになっているのですが、正面の賽銭箱《さいせんばこ》を外し、そこから拝殿に昇って、中庭に下り、さらにご本殿の前の回廊に上がり、本殿に入らずにその前で一礼して、同じところを戻って退出しました。実は拝殿の正面から昇るのは勅使《ちょくし》だけです。勅使しかできないことをしたのですから、当時の松平《まつだいら》永芳《ながよし》宮司が、「そんな非礼な参拝は昭和の足利尊氏《あしかがたかうじ》だ」と憤《いきどお》って、出迎えも見送りもしなかったのは当然のことでした。

本殿前の一礼だけで、玉串奉奠、二礼二拍手一礼をしなかったこと自体よりも、むしろ、参拝の経路や、お祓いと手水を取るという当然の作法をしなかったほうが問題なのです。

時代は飛びますが、平成十三年八月十三日に小泉純一郎《こいずみじゅんいちろう》首相が参拝したときも一礼でしたが、小泉首相は参集所から参入し、そこで手水を取ってお祓いを受け、ご本殿に入りました。一礼だけで玉串奉奠はしませんでしたが、中曽根参拝のような非礼な方式は取らなかった。この点はよく留意すべきです。

ついでながら、中曽根首相は建前のうえではお祓いを受けていないのですが、これでは神社側は困るので、外から見えない形で〝陰祓《かげばら》い〟をしました。ですから、中曽根参拝は外向きには祓いを受けていない形だけをとったことになり、極めて姑息な遣《や》り口《くち》と言わねばなりません。

このように参拝の形式には実に大きな問題を残しましたが、一応、「公式参拝」を復活させたことによって三木首相が犯したボタンの掛け違いは直ったということになる。「私的参拝」が十年間続き、ようやく「公式参拝」が復活したことに限っては、中曽根首相の功績であると言えましょう。

「A級戦犯」の合祀問題

ところが、靖国神社をめぐる問題は別の方面に移ってしまいました。それは、中国と韓国の両国が中曽根首相の参拝そのものに対し、激しく抗議してきたからです。特に中国政府の圧力が強く、丸十年ぶりに「公式参拝」を復活したにもかかわらず、中曽根首相は中国の圧力に屈したかたちで以後の参拝を取りやめるに至りました。

この経緯を詳しく補足しておきますと、中曽根首相は、五十九年の春秋の例大祭はまだ「公式参拝」には踏み切ることなく、参拝しています。翌年の八月十五日に「公式参拝」を復活させたのですから、その年の秋の例大祭、そして翌年の春の例大祭、そして八月十五日と、「公式参拝」を続けていれば、三木首相のボタンの掛け違いを直し、元に戻る見込みでした。参拝方式に問題があったにせよ、です。しかるに、中国の言い分にそのまま屈して参拝を見送ったことによって、第二のボタンの掛け違いが起こりました。

昭和六十年九月二十日、中国外務省が発表した談話は、「A級戦犯もまつる靖国神社への日本内閣構成員の公式参拝については、日本政府にわが国の立場を伝え、同時に行事を慎重にするように要求した……。わが国の友好的な勧告にもかかわらず、公式参拝が行われ、わが人民の感情を傷つけた」というものでした。これを受けて中曽根首相は参拝を中止した。これが靖国神社問題を最大限にこじらせた原因です。

その後、歴代の首相は竹下登《たけしたのぼる》、宇野宗佑《うのそうすけ》、海部俊樹《かいふとしき》、宮澤喜一《みやざわきいち》、細川護熙《ほそかわもりひろ》、羽田孜《はたつとむ》、村山富市《むらやまとみいち》、橋本龍太郎《はしもとりゅうたろう》、小渕恵三《おぶちけいぞう》、森喜朗《もりよしろう》、小泉純一郎と続きますが、竹下首相から始まる平成の首相は、現職である限り、靖国神社の境内に一歩も足を踏み入れることができないという異常な事態が続いた。ただ平成八年七月二十九日、橋本首相が前触れもなく散歩の途中のようなかたちで参拝したことがありますが、これは例外的なものです（七月二十九日は橋本首相の誕生日）。

奇妙な偶然の一致ですが、橋本首相が参拝した七月二十九日は、中国が核実験を行った日でした。当然、日本政府は中国政府に対して核実験の抗議をしましたから、いわば相撃ちのような格好になり、この橋本首相の参拝は中国も反発しにくかった。

しかしながら、橋本首相は戦死した従兄弟《いとこ》が靖国神社に祀られているので、その命日の十月に参拝するはずでしたが、中国から水面下で圧力がかかり、結局、断念しました。

こうして橋本首相の例外的な参拝があったものの、平成の日本の首相は竹下首相から森首相に至るまで、現職時代に靖国神社に立ち入ることができませんでした。「先の大戦は侵略戦争であった。間違った戦争であったと認識している」という発言をした細川護熙首相も退陣した直後にはきちんと靖国神社に夫人と共に参拝しているのですが……。

このように、現職の日本の首相が靖国神社に参拝できないという異常な事態が十六年間続いてきた中で、小泉純一郎衆院議員は平成十三年の自民党総裁選で靖国神社に参拝することを公約として掲げました。そして、総裁に選ばれ、首相に就任すると、公約であった十五日ではなく、二日前倒しした八月十三日に参拝しました。これにもいろいろ議論がありますが、ともかく、内外からの執拗な反対に屈することなく、首相在任中に六回参拝したのは高く評価してよいでしょう。

これに対し、小泉首相の参拝は憲法違反であるとする政教訴訟が、大阪、福岡、愛媛、沖縄、東京、千葉の全国六都府県で起こされました。しかし、本年（平成十九年）四月に千葉訴訟の最高裁決定が最後に出て、この訴訟はすべて原告の全面敗訴で終わっています。憲法問題はこれで済んでいます。

しかし、今も残っている問題は、「A級戦犯」を合祀している靖国神社に日本の首相が参拝することが中国人民の感情を傷つけるという、中国の主張に配慮して参拝をやめるよう求める声が一定の力を持っていることです。

先に述べたように、小泉首相は平成十三年八月十三日に参拝しました。これは中国側が小泉総理の「頑固さ」から参拝を阻止することができないと判断し、「八月十五日だけはやめてほしい」ということを密かに日本側に伝えたからだと言われています。当時、首相の側近は自民党幹事長の山崎拓《やまさきたく》氏と官房長官の福田康夫《ふくだやすお》氏でした。この党と内閣の要《かなめ》である二人は参拝反対派、あるいは慎重派です。さらに、閣内には中国側のメッセンジャーのように参拝反対を言い続けてきた田中《たなか》真紀子《まきこ》外相がおり、靖国参拝には原則的に反対の公明党が連立与党として存在する。そのような包囲網の中での参拝ですから、ある意味では、小泉首相には「変人」とまで言われた頑固というか、特異なキャラクターがあったからこそできたと考えられます。

小泉首相はどちらかと言えば感性的な人間です。父親の小泉純也《じゅんや》元防衛庁長官は鹿児島県の出身ですが、鹿児島県には陸軍の知覧《ちらん》、海軍の鹿屋《かのや》に代表される特攻隊基地がありました。今ではそこは記念館になっており、特攻隊の方々の遺影や遺書などが展示されています。小泉首相は、それらの遺書を読んで号泣したと言われており、特攻隊に対して強い思い入れがあります。国会でも「総理としてたいへん苦しいこともあるけれども、特攻隊の苦労を思ったら私の苦労なんて軽いものだ」という趣旨の答弁をしています。このような答弁をした首相は私の知る限り今までいませんでした。

靖国問題は国内問題

繰り返しになりますが、靖国神社をめぐる現在の議論は、「A級戦犯」が合祀されている靖国神社への首相の参拝が中国人民の感情を傷つけるから、日中友好の精神から控えてほしいという中国側の主張から発しています。中国がそう言っているだけならば、日本政府が理論的にきちんと説明し、日本側の言い分を十分に伝えればよいはずです。何よりもこの問題は純然たる国内問題であるということを毅然《きぜん》として主張することです。日本国内のメディアも、参拝の評価は分かれても、あくまでも国内問題であるという点で一致しておれば問題はありません。中国もこの問題で言い過ぎると、日本の国民感情を害するという理由で控える可能性も出てくるでしょう。

ところが、民主党、社会民主党、共産党の野党だけでなく、自民党の内部からも中国の言い分に賛同する人がいます。さらにメディアが問題です。『朝日新聞』

『毎日新聞』そして共同通信、NHK、さらに昨今では『読売新聞』までもがこと靖国神社に関しては中国寄りです。このような状況を見ると、結局、これは日中問題というよりも〝日日問題〟ではないかと思えてなりません。

そもそも中国の首相や国家主席に対して、「来日されたら必ず靖国神社に参拝してください」と要望しているわけではありません。日本国の首相が国民を代表して、かけがえのない尊い命を国に捧げた方々に対して敬意を表し、感謝してその御霊《みたま》を慰める儀礼を行っているだけのことであって、あくまでも国内問題であることを貫き通すことが大切です。しかし、国内には、首相の参拝の足を引っぱる勢力がかなり多く存在する。そこに中国はつけこんでくるわけです。

国内の〝反靖国勢力〟とでもいうべき勢力が中国と呼応するから、中国の思うつぼにはまり、日本の国論が分断されてしまうのです。

昭和五十三年（一九七八）に締結された「日中平和友好条約」の第三条に「……内政に関する相互不干渉の原則に従い」とあります。また、その前の昭和四十七年（一九七二）の日中共同宣言にも「内政相互不干渉」の文言《もんごん》があります。中国の要求はまさに内政干渉ですから、この文言を楯《たて》に取って拒否すべきです。もっとも、靖国参拝を政治問題とすることには問題がありますので、敢えて内政干渉と言わなくともよいかもしれませんが、少なくとも国内問題であると主張すべきです。

ナチス親衛隊の墓に参詣するアメリカ大統領に対する批判

ここで、一つの興味深い事実を指摘し、この問題を考えてみたいと思います。西ドイツのヘルムート・コール首相のビットブルグ戦没兵士墓地訪問に関することです。

中曽根首相が靖国神社への公式参拝を復活させた同じ年である昭和六十年（一九八五）五月、西ドイツでサミット（主要先進国首脳会議）が開催されました。ボン・サミットです。もちろん、ドイツはまだ統一されてなく、西ドイツの時代です。このサミットのホストがコール首相でした。

そのころ、西ドイツと米国の関係はいささかギクシャクしていました。そこで、第二次大戦終結四十周年という節目の年の「ドイツとの和解」の意味を込めて、当時のレーガン米国大統領は、コール首相と共にルクセンブルグとの国境の町ビットブルグにある戦没兵士墓地に赴き、追悼の意を表することを決めました。

ところが、その直前になって、『ニューヨーク・タイムズ』などが報道したと思いますが、そこにはナチス親衛隊の兵士四十八名も埋葬されているということが判明しました。その墓地に大統領が訪問するのは、はなはだよくないという反対の声がユダヤ系市民を中心にしてまき起こりました。

この四十八名は純然たる軍事組織である武装親衛隊（Waffen-SS）の兵士たちだと思いますが、親衛隊はユダヤ人を虐殺《ぎゃくさつ》した張本人であるとして糾弾されてきました。そのためにユダヤ系市民から、レーガン大統領の訪問に猛烈な反対の声が上がったのです。西ドイツとの関係を修復しようとしていたレーガン大統領は大変な苦境に陥りました。

そこで、コール首相と相談し、この墓地を訪れる前にユダヤ人虐殺の強制収容所の一つであったベルゲン・ベルゼン収容所の跡地を訪問して、犠牲者に哀悼の意を表し、ユダヤ系市民の感情を和らげるということで何とかことをおさめました。

なぜ、この事実をここで述べたのか説明します。

今述べたように、ビットブルグの戦没兵士墓地には親衛隊の兵士も葬られている。彼らはホロコーストを行った極悪人と米国民は思っています。彼らを追悼することに対して、市民や新聞はレーガン大統領、つまり、自国の大統領の行動に対して批判をしたのです。大統領に同行し、案内したコール首相に対しては、アメリカの市民は何も言わない。ここがいちばん重要なところです。

たとえば、仮に中国の温家宝《おんかほう》首相が来日し、日本の首相が案内して靖国神社を参拝したとします。これに対して中国国内から「温家宝はけしからん」という文句が出ても別に構わない。しかし、案内した日本の首相の参拝まで文句を言うことはおかしいということ。これが真っ当な道理です。

同じような例ですが、インド、インドネシア、ソロモン諸島やパラオのように日本軍が攻め込んで戦場となった国の首相や大統領などが、靖国神社に参拝したとします（実はこれらの国々の要人が靖国神社に参拝したことがある）。これに対して、その国の人々が自国の首相や大統領の行動を批判するのは、その国自身の問題ですが、どのような人々が祀られていようとも、日本の首相や閣僚などが参拝したことには批判しないというのが世界の常識なのです。

ビットブルグ墓地への訪問をめぐる話の帰趨《きすう》は、まさに世界の常識です。ところが、中国や韓国には、その常識が欠けている。これがいかにおかしなことであるか、おわかりでしょう。これがビットブルグ墓地訪問のことを申し上げた理由です。

ついでながら、この経緯は、当時の『朝日新聞』の記事を引用して申し上げました。『朝日新聞』は、この事実の持つ意味に気がついていないようです。仮に気がついても、たぶん無視するでしょう。

東京裁判の問題点――国際法と歴史認識

ここで、いわゆる「A級戦犯」について述べたいと思いますが、その前に、やはり東京裁判について少し話しておきましょう。東京裁判には大きく分けて二つの大きな問題点があります。一つは国際法上の問題、つまり、当時の国際法では戦争犯罪にならない行為を事後に作った法によって一方的に裁いたという点です。

もう一つは、東京裁判には国際法上の問題、すなわち被告が国際法上の刑事責任を負うべきか否かとは別に、過去の日本が関わった戦争や事変を歴史としてどのように認識し、評価するのかという問題があるということです。換言すれば、いわゆる〝東京裁判史観〟をどのようにして克服するかということに帰着します。

東京裁判には、今述べたように、法的な面と歴史認識の面という二つの側面があります。法的な面において、東京裁判に間違いがなかったと言っているのは、今や旧ソ連や中国、あるいは北朝鮮・韓国の学者ぐらいしかいません。まともに国際法を学び研究している国々においては、東京裁判は国際法から見て致命的な欠点を有しているという点で共通の認識を持っています。

しかし、もう一方の歴史認識に関しては、残念ながらまだ解決の目途《めど》は立っていません。〝東京裁判史観〟とは簡単に言えば、米国の歴史観です。たしかに、日本と米国の間には今のところ、歴史認識をめぐる摩擦はありません。しかし、将来、歴史認識について厳しく対立する可能性は十分あります。現に、平成十九年（二〇〇七）八月、慰安婦問題に関し、米国下院では、日本政府に責任を認めさせて反省を促す決議を可決しました。

この年は、支那事変が始まり、南京事件が起こった昭和十二年（一九三七）から七十年目にあたることから、米国ではそれに関する映画がいくつか制作されました。この事件は東京裁判の中でも特に目を引くことの一つで、これまでもきわめてセンセーショナルに取り上げられてきています。今日、〝東京裁判史観〟というものは、中国や韓国・北朝鮮がもっぱら援用《えんよう》していますが、これはもともと米国史観であり、米国内にはそのような考え方が根強くあることをわれわれはよく認識しなければなりません。

しかし、一方、朝鮮半島や台湾をめぐるわが国の安全保障については、日米同盟の強化は不可欠です。この意味で、日本の置かれている環境は実に難しいものがあり、心理的には一種のディレンマ状況にあると言えましょう。この点をきちんと踏まえておくべきでしょう。

将来、日本が国際的な舞台で〝東京裁判史観〟の不当性を正面から主張するようなことになった場合、当然のことながら米国とぶつかります。今のうちからそのことを頭に入れておかなければなりません。

靖国神社における合祀の手続き

ここで、東京裁判の問題はひとまず措《お》いて、次に「A級戦犯」がどのようにして靖国神社に合祀されたのか、その経緯を見ていきます。これは本テーマを考察するうえで、たいへん重要なことです。

ご存じのことと思いますが、平成十九年三月二十八日、国立国会図書館は靖国神社問題に関する第一級の資料をまとめた『新編靖国神社問題資料集』を公表しました。Ａ４判で約千二百ページもあり、小さな活字で組んだ非常に大部な資料集です。

私もすぐに現物を入手し、その日の夜のＮＨＫテレビで、若干のコメントをしました。前日からテレビ出演の話があり、およその内容の見当がつかめていたので、重要なポイントに絞って説明した次第です。

この資料集で何よりも注目せねばならないのは、「Ａ級戦犯」の合祀だけでなく、そもそも靖国神社の合祀がどのような基準に基づいて、そして、どのような手続きによってなされてきたかということが資料によって明らかにされたという点です。

靖国神社の前身である東京《とうきょう》招魂社《しょうこんしゃ》が、明治二年（一八六九）に創建され、同十二年（一八七九）に靖国神社と改称されてから昭和二十年（一九四五）まで、陸海軍省の所管下にありました。

敗戦によって陸海軍省が解体され、国家の管理を離れた靖国神社は一宗教法人になり、今日に至っていることは周知のとおりです。といって、宗教法人になりたくてなったわけではありません。ならなければ財産を清算して解散しなければならなかったので、やむを得ず宗教法人になったのです。

陸海軍省の所管下にあった時代は、陸海軍省が定めた極秘の基準に基づいて、ご祭神が選考され、最終的には天皇陛下のご裁可を得て合祀されました。

敗戦後、陸海軍省は廃止されましたから、支那事変や大東亜戦争における戦没者で未合祀の方々は、陸海軍省の後身として、主に復員業務を担当する第一・第二復員省に始まって、最終的には厚生省の引揚援護局に至る占領期では、これらの政府機関の指示に従って都道府県が調査したカードに基づいて靖国神社が細々と合祀してきました。

そして、昭和二十七年（一九五二）四月二十八日にサンフランシスコ講和条約が発効し、六年八か月におよぶ占領が終結して日本が主権を回復した時点において、まだ未合祀の方々が二百万人近く残っていた。これらの方々を早く合祀してほしい、という声が全国各地で高まりました。そうした合祀の推進を求める熱心な動きは、先ほど紹介した新編資料に収められている当時の国会の議事録の中におびただしく出てきます。

とはいうものの、ご祭神の合祀は国家の管理下を離れて一宗教法人になった靖国神社だけでできるはずがありません。まず、どのような方々をご祭神として選考するのか、選考する手順はどうするのか、選考された方々をどのようにして合祀するのか、合祀された方々をどのようにして遺族に伝えるのか——そのためには膨大な人的・物的なコストがかかります。

さて、占領下において、最も気の毒だったのは戦没者の遺族です。情けない話ですが、これまで英霊として国民から称えられてきたのに、敗戦になるや、手の平を返すように、あたかも〝戦犯〟あるいは軍国主義の手先のように白い目で見られるようになりました。一家の働き手を失って、幼い子供たちを抱えた母親が、どんなに苦労して生きていかなければならなかったか。普通の家庭でも、食べるのが精いっぱいの時期に、世間の冷たい荒波の中に放り出された遺族の方々にとって、この時代が筆舌に尽くし難い辛い日々だったことは間違いありません。

したがって、占領終結直後、まず、戦傷病者と戦没者遺族のために「戦傷病者戦没者遺族等援護法」（昭和二十七年四月三十日公布施行）が制定され、遅まきながらも戦没者遺族に対する経済的な援護ができることになりました。これは大切なことです。しかし、もう一つ、遺族にとって亡くなった近親者は事故や災害で死んだのではありません。国家の命令によって、尊い生命を捧げたのですから、そのことをはっきりさせるためには、何よりも靖国神社への合祀を早くしてほしいと願うのは当然のことです。しかし、公金を宗教上の組織・団体に供することを禁じた憲法の制約があるため、靖国神社が行う合祀に必要な経費を国が出すことはできません。そこで、民間側で寄付金を募ることになりました。

そのための組織として昭和二十八年（一九五三）、「靖国神社奉賛会」が発足しました。現在ある「靖国神社崇敬奉賛会」とは別の団体です。財界を中心に寄付金が集められ、最終的には七億五千万円が集まりました。これは当時の物価から見れば莫大な金額です。財界の長老である藤原銀次郎《ふじわらぎんじろう》氏をトップにすえ、顧問に吉田茂首相、堤康次郎《つつみやすじろう》・河井彌八《かわいやはち》衆参両院議長が就任、また、理事には全閣僚、四十七都道府県知事、都道府県議会議長なども入っていました。つまり、政・官・財・民の総力を挙げてできたというわけです。こうして合祀の費用は集まりましたが、どのような方々を合祀するのか、その選考は民間ではできません。

そこで、遺族援護行政を最終的に引き継いだ厚生省引揚援護局が、昭和三十一年（一九五六）に「靖国神社合祀事務に関する協力について」という通知を出して、国と都道府県が協力してご祭神を選考することになりました。

それはどのようなルールに基づいて行われたのでしょうか。靖国神社では、通常春秋の例大祭の前に合祀しますから、まず、神社はどのような方を合祀の対象にしたらよいのかを厚生省に照会します。その問い合わせに対して、その都度、厚生省は合祀の選考基準を決定し、該当する方の身上を都道府県（陸軍関係）と地方復員部など（海軍関係）がそれぞれ「祭神名票」というカードに記入し、厚生省がまとめて靖国神社に送付します。

これに基づいて神社は二重合祀などのないように慎重にチェックして合祀しま

した。つまり、ご祭神の選考事務は国と都道府県、合祀事務は靖国神社が行うという、官民一体の共同作業だったわけです。その作業が昭和三十一年から四十六年まで十五年間続けられました。こうして昭和三十年代に二百万近くあった未合祀者のほとんどが合祀されました。

では、合祀されるための要件、選考基準はどのようなものだったのでしょうか。陸海軍省時代は極秘とされていましたから、詳細はわかりません。

私の推測では、「戦争・事変あるいは個別の事件において、戦死・戦病死・戦傷死あるいは公務上の殉職をした軍人・軍属、またはそれに準ずる人々」だと思われます。その中には、たとえば、海外での暴動事件で亡くなった警察官、シベリア出兵の際にニコライエフスクで共産パルチザンによって虐殺された領事や職員など、文官も含まれています。

では、厚生省が作成した基準はどのようなものだったのでしょうか。基本となったのは、「戦傷病者戦没者遺族等援護法」と「恩給法」に該当する人たちです。それが今日まで続く公的な基準です。

靖国神社が選考するのではなく、厚生省や都道府県という公的機関が法的な根拠に基づいて、合祀予定者を選び、靖国神社はそれに従って祀るのですから、誰が見ても納得できる方式です。しかも、それはご創建以来の基準に沿ったものでした。

ただし、支那事変以降は、いわゆる総力戦《トータルウォー》でしたから、狭い意味での軍人・軍属以外にも直接戦争に関わる機会も多くなります。したがって、当然、合祀対象者も広がります。

たとえば、ご家族にも体験された方がおられるかもしれませんが、空襲警報が発令されて、住民を避難させ、防火活動をする警防団というものがありました。この方々が焼夷弾《しょういだん》の直撃などを受けて亡くなったとします。正確には軍人・軍属ではありません。しかし、公的な命令に従って任務の遂行中に亡くなったため、合祀の対象となったのです。また、徴用された輸送船の乗組員や洋上監視にあたった漁業関係の死没者も合祀対象となりました。後者は漁師さんが小さな漁船に乗って外洋でアメリカ艦隊の動きを監視するという業務に就いていたとき、それを発見した航空機の機銃掃射によって死亡したようなケースです。

あるいは、沖縄戦のように、軍の要請に従って戦闘に参加した市民なども対象になります。こうして遺族援護法の改正に伴い合祀基準の範囲が時とともに広がっていきました。大東亜戦争を日清・日露戦争などと比べると、戦争の性格が大きく変わってきていますから、合祀範囲の拡大も自然の成り行きでした。

「戦犯」合祀の経緯

次に、なぜ「戦犯」と呼ばれる方々が合祀されるに至ったのでしょうか。それは遺族援護法と恩給法の対象となる人が、先ほど述べたような理由で増加していったのと同じ理由です。

昭和二十七年から二十八年にかけて、国会では、「戦犯」として処刑されたり、獄死した方や、「戦犯」の嫌疑をかけられて自決した方々も、戦争に関わる公務上の地位に基づいて亡くなったのだから、一般戦没者と同じようにその遺族に対して援護するべきではないかという議論が起こります。その結果、遺族援護法が改正されて、「戦犯」として処刑された方、獄死された方、責任自決をされた方などの遺族に対して、弔意金や遺族年金などが支給されるようになりました。そうなると、遺族援護法や恩給法が、靖国神社の合祀者の選考基準になっているのですから、「戦犯」として亡くなった本人も靖国神社の合祀の対象となるのはごく当然の流れでしょう。

ちなみに、わが国の公文書には「戦犯」という語はありません。戦争裁判で亡くなった方は「法務関係死没者」、略して「法務死」と称しており、靖国神社は、「昭和殉難者」と呼んでいます。

このようにして、昭和三十四年春の例大祭から、「戦犯」の人たちの合祀が始まりました。しばらくは、ＢＣ級に限られていましたが、昭和四十一年に至って、最後に「Ａ級戦犯」の十四名（板垣征四郎《いたがきせいしろう》、梅津美治郎《うめづよしじろう》、木村兵太郎《きむらへいたろう》、小磯国昭《こいそくにあき》、白鳥敏《しらとりとし》夫《お》、土肥原賢二《どひはらけんじ》、東郷茂徳《とうごうしげのり》、東條英機《とうじょうひでき》、永野修身《ながのおさみ》、平沼騏一郎《ひらぬまきいちろう》、広田弘毅《ひろたこうき》、松井石根《まついいわね》、松岡《まつおか》洋右《ようすけ》、武藤章《むとうあきら》）の「祭神名票」が靖国神社に送られてきました。しかし、その頃は靖国神社国家護持運動が最も盛んだったので、それに配慮して合祀の時期については靖国神社の宮司に一任されました。そして最終的に、昭和五十三年の秋の例大祭の前日に合祀されたというのが合祀に至るまでの経緯です。

講和条約発効後も釈放されなかった「戦犯」

今日もなお「A級戦犯」と一般の戦没者を同じように靖国神社に合祀してよいのかという議論がありますが、それは、昭和六十年以降の中国からの批判を引き合いにした議論に過ぎません。

では、昭和二十七年に占領が終わり、主権が回復したあと、これは靖国神社の合祀促進運動と重なるところが多分にあるのですが、いわゆる「戦犯」に対して、当時の日本国民はどのような感情を持っていたのか、これは最も重要なことです。それは当時の新聞記事や、国会の議事録などを見れば明白ですが、今日の人々の認識とは違い、驚くべき内容です。

ご存じのように、昭和二十年（一九四五）八月十四日に日本はポツダム宣言を受諾しました。われわれはこれを「終戦」と称していますが、国際法上の戦争状態は、講和条約が発効する昭和二十七年四月二十八日まで続きます。ですから、米軍を中心とした連合国による軍事占領下でなされたことは、すべて戦争の延長線上になされたことです。つまり、東京裁判を含むすべての戦争裁判は軍事裁判であって、司法裁判ではない。したがって、講和条約が発効し、戦争状態が終了すれば、戦争の延長線上で行われた裁判は、その効力を当然失います。「戦犯」として服役している人たちは即時釈放されねばなりません。これは国際法上、当たり前の原則なのです。

ところが、英国やオーストラリアなど対日強硬派の意向を受けて、「講和条約」第十一条に次のような規定が設けられました。

「日本国は、極東国際軍事裁判所並びに日本国内及び国外の他の連合国戦争犯罪法廷の裁判を受諾し、且つ、日本国で拘禁されている日本国民にこれらの法廷が課した刑を執行するものとする。これらの拘禁されている者を赦免し、減刑し、及び仮出獄させる権限は、各事件について刑を課した一又は二以上の政府の決定及び日本国の勧告に基く場合の外、行使することができない。極東国際軍事裁判所が刑を宣告した者については、この権限は、裁判所に代表者を出した政府の過半数の決定及び日本国の勧告に基く場合の外、行使することができない」

つまり、正式に戦争が終了したにもかかわらず、この規定があるため、連合国による軍事裁判で有罪とされた人々は、それ以降も引き続き服役しなければならないということです。

当時の国民の「戦犯」に対する思い

沖縄・小笠原・奄美を除いて（北方領土は別）、主権が回復し、日本国中が喜びに湧いていた中で、これからも長い刑期を服役しなければならない千二百人を超える服役者に対して、当時の国民は深く同情し、全国各地で「戦犯」釈放運動が起こりました。最初に口火を切ったのは、日本弁護士連合会（日弁連）です。「戦犯」

釈放こそが現在の日本人にとっての最大の人道問題だという主張で、今で言う人権問題ということです。今日の左傾化した日弁連では考えられません。

続いて、一般国民や自治体からも同じ声が上がり、これを受けて国会でも「戦犯在所者の釈放等に関する決議（昭和二十七年六月九日）」、「戦争犯罪による受刑者の釈放等に関する決議（昭和二十七年十二月九日）」、「戦争犯罪による受刑者の赦免に関する決議（昭和二十八年八月三日）」と、いくつもの決議を圧倒的多数で可決しました。そして政府は、その赦免決議に基づいて関係各国と交渉に入りました。

共同通信の小沢武二記者によれば、「戦犯」釈放のために四千万人の署名が集まったそうです。大変な数です。こうして最終的には六年もかかりましたが、昭和三十三年の五月三十一日をもって、最後のＢ・Ｃ級が出所し、巣鴨拘置所は空になりました。

このような事実から、昭和二十年代後半から三十年代にかけて、日本国民が「戦犯」に対してどのような思いを抱いていたかということが如実にわかるでしょう。たしかに、その後に生まれた人には理解しにくいことかもしれません。しかし、当時の新聞や国会議事録などを追ってみれば、現在のそれとは全く違う事実が浮かび上がって、感嘆の声を上げたくなります。

もう一つ、これに関連する重要な事実を紹介しましょう。それは、日本国は「戦犯」を国内法上の犯罪者ではないことを明確に示していることです。

このことは国会での政府答弁でもわかりますが、たとえば、恩給法の規定を見れば一目瞭然です。恩給法第九条によれば、恩給権の消滅事由の一つは、「死刑又ハ無期若ハ三年を超ユル懲役若ハ禁錮ノ刑ニ処セラレタルトキ」ですが、「戦犯」も出所後は恩給を支給されます。だから、彼らが犯罪者とは見られていないということは明らかです。そのうえ、ここがすごいところですが、数回にわたる恩給法の改正では、服役中の期間も公務期間に算入することになりました。恩給権の消滅事由どころか、服役期間まで加算されたほど手厚い処遇をしているのです。

それからもう一つ、公職選挙法は「次に掲げる者は、選挙権及び被選挙権を有しない」とあって、その一つとして「禁錮以上の刑に処せられ、その執行を終るまでの者」と規定されています。つまり、懲役や禁錮の刑を受けていて、刑の執行が終わってない者は、公民権が停止されますが、巣鴨では受刑者が衆議院選挙において不在者投票をしたという事実があるのです。

こうした一連の事実から、当時、国会や政府および一般国民が、「戦犯」に対してどのような思いを抱いていたのかよくわかります。

「戦犯」に対する慰問活動

そこで、さらにもう一つの例を挙げます。

先に少し触れたように、最後の服役者が釈放されたのは昭和三十三年です。二十七年に講和条約が発効したにもかかわらず、長い人ではそれから六年以上も服役しなければなりませんでした。そこで、そのような気の毒な方々を慰めようという動きが各方面から起こりました。

著名な芸能人やスポーツ選手などが競って巣鴨拘置所へ慰問に赴いた。どのような人たちが訪問したのかというと、美空ひばり、長谷川一夫、歌舞伎の市川猿之助、落語家の柳家金語楼、桂文楽、新国劇の辰巳柳太郎、島田正吾、歌手の笠置シヅ子、渡辺はま子、藤山一郎など、当時の一流の芸能人です。漫才や奇術・漫談もあり、浪曲師の広沢虎造、寿々木米若も訪問しました。さらには、大相撲の横綱照国一行の巡業もあり、「音羽ゆりかご会」という最も伝統のある児童合唱団がかわいい声で合唱したこともあります。そのほかに、日劇ダンシングチームが脚線美を披露したり、プロ野球の巨人軍と松竹ロビンスの対抗試合が行われたこともあり、当時のありとあらゆる娯楽が提供されたといっても過言ではありません。

このことだけでも、「戦犯」に対して、当時の国民がどのような感情を抱いていたかがわかるでしょう。

合祀経緯と歴史認識

これまで述べてきたように、厚生省は公的な基準に基づいて、「戦犯」を合祀の対象として、昭和四十一年に靖国神社へ十四名の「A級戦犯」の「祭神名票」を送りました。当時の社会事情を考えて、若干の猶予期間を置きましたが、昭和五十三年の秋、当時の松平永芳宮司が、あらためて総代会に諮《はか》って、了承を得て合祀しました。

それでも、今なお中国や韓国の言い分に乗って首相の靖国参拝に反対する政治家がいます。私は、社民党の福島瑞穂《ふくしまみずほ》議員や辻元清美《つじもときよみ》議員に「首相の靖国神社参拝に反対する前に、あなた方の先輩議員がかつてこの問題について何と言ったのか。もう一度、確かめなさい」と言いたい。

というのも、衆議院厚生委員会において、遺族援護法が審議され、「戦犯」の遺族に対しても一般戦没者の遺族と同じように扱う法改正が、自由党と改進党と右派社会党と左派社会党の四党が全会一致で採決されているからです。滋賀県選出の右派社会党の堤《つつみ》ツルヨ議員がいちばん熱心に推進していました。堤議員は福島・辻元両議員の先輩ではないですか。

現在に生きている私たちは、昭和二十年代から三十年代にかけて全国的に展開された合祀促進運動と「戦犯」釈放運動という一大事実を十分踏まえたうえで、靖国問題を考えねばならない。それから五十年以上経った今日の感情や価値観で、過去のことを一方的に裁断することは歴史認識として根本的に間違っています。

大平首相の参拝と「A級戦犯」合祀問題の発端

「A級戦犯」合祀が一般に知られるようになったのは、大平正芳首相のときでした。昭和五十四年の春季例大祭の直前に新聞各紙に報道されたことによってです。大平首相は個人としてはクリスチャンでしたが、もともと靖国神社参拝の意向が強くあったようです。

大平内閣の総理府総務長官であった三原朝雄《みはらあさお》衆院議員からこの点について、一つのエピソードを聞いたことがあります。以前、福岡県の遺族会で講演したとき、懇親会の席で私のそばに座っておられた三原さんは、「実はあのとき、大平総理から相談を受けた」と話の口火を切られました。

大平首相は当時の三原総務長官に「私は参拝したい。いろいろな意見があるかもしれないから、閣内をまとめてほしい」と言われたそうです。これに対して、三原さんが「あなたは総理になったから参拝するということですか」と質問すると、大平首相は「いや、私の気持ちとして参拝したい」と答えた。そこで三原さんは、「わかりました。私が閣内をきちんとします」と言って、閣内をまとめた。これによって大平首相の参拝がスムーズに実現したそうです。

大平首相は記者団から質問を受けて、「人がどう見るか、私の気持ちで行くのだから、批判はその人に任せる」と答え、また、国会答弁では「A級戦犯あるいは大東亜戦争に対する審判は歴史がいたすであろうというように、私は考えております」と言い切って参拝を続けました。まことに見事な言動です。

中国からの批判で腰くだけになって、「A級戦犯」が合祀されているから参拝できない、というような釈明を国会でした中曽根首相と比べると、大平首相のほうがはるかに立派な態度であるのは明らかでしょう。

中国による靖国参拝批判の矛盾

昭和五十四年の大平首相の参拝から六十年八月十五日の中曽根首相の参拝まで、途中に鈴木善幸首相の参拝がありましたが、すべて建前としては、「私的参拝」と言わざるを得なかった時期です。この六年間、首相の参拝に対して、中国は「A級戦犯」合祀を理由とする批判を何一つしませんでした。もしも日本の首相の靖国神社参拝が「A級戦犯」合祀を理由として中国人民の感情を傷つけるならば、それが「公式参拝」であろうと「私的参拝」であろうと、同じように厳しく批判するはずです。しかし、中国は何も言いませんでした。昭和六十年になって初めて批判します。たしかに中曽根首相が「公式参拝」と称したことに言及していますが、のちに参拝を批判された橋本龍太郎首相や小泉純一郎首相は公式とも私的とも何も言っていません。

中国がなぜしつこく反対するのか。要するに公私などの問題は、二の次のことです。靖国神社に参拝させないということだけなのです。

それでは、なぜ、大平首相の参拝のとき、批判がなかったのか。その後六年間も何も言わなかったのか。それは中国のお家の事情があったからです。当時、中国とソ連の間の対立には深刻なものがありました。中国は、日本を味方に引き込みたいという考えから、何も言わなかったのです。中国の政治的なご都合主義と言わざるを得ません。

当時の中国は鄧小平《とうしょうへい》体制でしたが、政治的基盤はまだ弱く、文化大革命の残党勢力も健在でした。昭和四十四年（一九六九）、中国とソ連の間で国境紛争が起こり、武力衝突によって双方に死者が出るという状況でした。これをきっかけにして両国間は厳しい緊張関係に入ります。ソ連には、米国の了解を得たうえで、中国に対して核攻撃を含めた戦争をしかけるような動きもあったと言われていました。当然、中国は日本を取り込みたい。

そこで、昭和四十七年（一九七二）に日中国交正常化がなされますが、それ以降は、日本の政治家が中国に行っても、靖国神社について言われることは何もなかった。むしろ、防衛費がGNP一パーセントにとどまっているのでは少なすぎるから増やすように言われたぐらいです。

ところが、時が経過するにしたがって、ソ連との関係改善が進み、昭和五十七年(一九八二)に中曽根内閣が成立した頃には、中ソの間の緊張緩和ができあがった。中曽根首相が、「戦後政治の総決算」や「日米同盟の再構成」というようなことを言い出したものですから、中国がこれに批判を加えるようになったと考えるべきです。いわば中国の対日外交の変化によるものです。

日本の首相の靖国神社参拝を批判するならば、昭和五十四年の大平首相の参拝の時点に言うべきであり、六年も経ってから言うのでは、全く整合性がないと言わざるを得ません。

はたして「A級戦犯」分祀だけで済むのか

一方、中国は「A級戦犯」さえ分祀すれば、あるいは合祀を取り下げれば、問題は解決すると言いますが、はたしてそうでしょうか。

昭和六十年八月十五日に中曽根首相が参拝したとき、その日の『人民日報』には、「靖国神社はこれまでの侵略戦争における東條英機を含む千人以上の（戦争）犯罪人を祭っているのだから、政府の公職にある者が参拝することは、日本軍国主義による侵略戦争の害を深く受けたアジア近隣各国と日本人民の感情を傷つけるものだ」と書かれています。「東條英機を含む千人以上の……」とありますから、当然、これは「BC級戦犯」も含めています。つまり、BC級を含めた「戦犯」が合祀されていることを問題にしているわけであり、『人民日報』はA級だけで済まないと言っているにほかなりません。

神道では、ご祭神を完全に分離するようなことは全くできませんが、仮にA級を分祀したとしても、次はBC級を分祀しろと要求するでしょう。さらにBC級の分祀が済んだら、日清戦争以降、中国を侵略したすべての兵士を靖国神社の合祀からはずせと言うに決まっています。

にもかかわらず、野中広務《のなかひろむ》元内閣官房長官は、平成十一年八月六日の『読売新聞』で、「A級戦犯」分祀論を蒸し返したのです。このときも私は、A級分祀だけで済むはずがないとあらためて主張しました。

案の定、それから三か月後の十一月十二日付の『チャイナデイリー』（中国の官営英字新聞）は、「靖国神社は普通の宗教的な場所ではない。そこには二百六十万人の日本人兵士に混ざって悪名高き東條英機を含む千人以上のA級およびB級戦犯が祀られているからだ」と批判しました。あの『人民日報』の記事と全く同じで、野中氏の考え方が完璧に破綻《はたん》していることは明確です。

「A級戦犯」分祀論に飛びつく政治家はあとを絶ちませんが、とにかく、中国が靖国神社問題を外交カードとして使うことをやめないかぎり、さまざまな手を使って日本にゆさぶりをかけてくるでしょう。

全国戦没者追悼式の対象は「戦犯」も含む

毎年八月十五日に全国戦没者追悼式が日本武道館で営まれています。これは占領の終わった直後の昭和二十七年五月二日に新宿御苑で、両陛下のご臨席を仰いで行われた全国戦没者合同追悼式が起源と言えましょう。その後、昭和三十八年に日比谷公会堂で行われ、翌年が靖国神社外苑で、そして、昭和四十年から今日まで日本武道館で行われてきました。

ご存じのように、全国戦没者追悼式では、会場の正面に、「全国戦没者之霊」と書かれた標柱が建てられて、その前に菊の花で飾った祭壇が設けられます。天皇皇后両陛下のお出ましの後、国歌斉唱があり、首相が式辞を読みます。そして黙禱《もくとう》があり、天皇陛下のお言葉と続きます。

いわゆる無宗教式（別名献花式）の式典ですが、その対象となる「全国戦没者之霊」は、どのような方々でしょうか。

端的に言えば、靖国神社のご祭神は、戦争や事変・事件などに公的に関わることによって亡くなられた方です。原爆や空襲で亡くなった方々など一般死没者は対象になっていません。しかし、この「全国戦没者之霊」の中には、戦争が原因となって亡くなったすべての人が対象になっています。いわゆる「戦犯」も入っています。A級、BC級を問わず「戦犯」遺族で結成している「白菊会」という遺族会がありますが、その会員の方にも最初から全国戦没者追悼式の招待状が届いていているからです。

両陛下もご臨席になり、首相や衆参両院議長なども参列している全国戦没者追悼式が全く問題にならないのに、なぜ靖国神社だけが問題になるのでしょうか。

言うまでもなく、全国戦没者追悼式は政府主催で、所管は厚生労働省（旧厚生省）です。責任者は厚生大臣です。厚生大臣経験者の中には、菅直人《かんなおと》衆院議員や坂口《さかぐち》力《ちから》議員もいて、在任中は当然参列しました。この二人は、「A級戦犯」合祀を理由とする中国による首相の靖国神社参拝反対に同調していますが、「A級戦犯」をも対象とする全国戦没者追悼式に出席して、黙禱を捧げ、献花・拝礼しています。

これについてどのように考えるのでしょうか。

このことに関連しますが、平成十三年の小泉総理の初めての参拝の後、当時の福田康夫官房長官は「追悼・平和祈念のための記念碑等施設の在り方を考える懇談会（追悼懇）」というものを設けました。靖国神社に代替する国立戦没者追悼施設を建設するかどうかを議論するための懇談会です。ほとんどが読むに堪えないお粗末な内容の議事録ですが、ただ、その中で唯一と言っていい評価すべき箇所があります。「全国戦没者追悼式には戦犯と呼ばれる方々も対象となっているのですか」という質問をした出席者がいて、それに対して厚生労働省の担当官が、「そのとおりでございます」と答えたからです。私が言ったのではなく、公的の場で、公的な立場の人が証言したのです。同席していた外務省の担当官も「このことによって何か問題があったことがありますか」と質問され、「全然問題になっておりません」とはっきりと答えました。

これは実に重要な記録です。読むに堪えない「追悼懇」の議事録ですが、この部分だけは貴重な記録として記憶しておかなければならないと思います。

中国政治家による文化干渉

より重要なことを指摘しておきましょう。昭和六十年に中曽根首相が参拝したすぐあとのことで、九月十七日付『東京新聞』に載っています。

自民党の最大派閥だった田中派（現・津島派）の長田裕二《おさだゆうじ》参院議員を団長とする自民党の議員団が訪中した際、当時の中国人民代表大会（全人代）委員長の彭真《ほうしん》氏に会ったときのことです。全人代の委員長ですから、日本では衆議院議長のような立場で、当時の中国ではナンバー2の人物です。

長田議員が「A級戦犯」の合祀問題について、次のように述べました。

「過去の悪を忘れるわけではないが、日本には『死者をムチ打たず、墓を暴《あば》かず』という考えも定着している」と述べ、平安時代に反乱を起こした平将門《たいらのまさかど》が、「死後は関東一円の神社に祀られ、民衆に親しまれている」という例を挙げたのです。「A級戦犯」と平将門を一緒にしてよいのかという点はここでは措いておきます。

その長田議員の発言に対して、彭真氏は「日本の風俗習慣もあろうが、役に立たない場合は従わないほうがよい。小異を残して大同につくべきだ」とにべもなく答えたというのです。私は、これは決して見過ごすことのできない最も重大な問題であると考えています。わが国には、「過去を水に流す」「死者をムチ打たず、墓を暴かず」という文化があります。これに対して中国は、「死者にムチ打ち、墓を暴く」文化です。かつて南宋《なんそう》という国がありました。その国が金という異民族に攻められたとき、秦檜《しんかい》という南宋の政治家が妥協し、和平を結んだ。これは売国行為だと激しく非難され、この人と夫人の銅像を作って、今なお中国人は唾《つば》を吐き続けています。これが中国の文化です。この文化を中国人が大切に思うのは別に構わない。しかし、わが国にはこのような文化はありません。にもかかわらず、彭真氏の物言いは「死者にムチ打ち、墓を暴く」文化、中国の文化を押しつけている。あからさまな文化干渉ですから、政治干渉よりもはるかに重大な問題ではないでしょうか。

数年前、中国では東條英機元首相の銅像を作って、それを人前にさらし、それに向かって唾を吐かせている写真を見たことがあります。彭真氏は日本人にも「そのようなことをしなさい」と言っているのに等しい。これこそ、大問題にすべきだと思います。

世界各国の要人が参拝する靖国神社

中国は、靖国神社への首相の参拝は「中国人民だけでなく、アジアの人民、戦争の被害を受けた人民の感情を傷つける」ということをしばしば言います。ところが、こういう事実があるのです。靖国神社には毎年多くの外国人が参拝します。私が編集した『「靖国神社への呪縛」を解く』（小学館文庫、平成十五年）には、最後に参考資料として、昭和五十四年以降、つまり、「A級戦犯」の合祀が明らかになってからの外国要人の参拝記録（出所・靖国神社総務課）を載せました。これを見ていただくと、外国の大統領・首相・閣僚・軍人・宗教家・学者あるいは軍隊などが多数参拝していることがわかります。旧敵国であった米国・英国・ロシア、そしてオーストリア・ポーランド・ルーマニア・フィンランドなどのヨーロッパの国々、ドイツ・イタリアなど旧同盟国、あるいはエジプト・イスラエルなど中近東の国々、さらにスリランカ・インド・パキスタン・インドネシア・フィリピン・タイ・台湾・そして、戦場になったパラオ・ソロモン諸島から、アルゼンチン・ブラジル・チリなどの南米の国々に至るまでの数多くの人々が参拝しています。

結局、靖国神社参拝に反対しているのは、日本と国交がある国では、中国と韓国だけです。この二か国にすぎないにもかかわらず、靖国参拝は「アジア人民の感情を傷つける」というようなことを中国人が言うのは傲岸不遜《ごうがんふそん》な態度であり、われわれとしては拒絶すべきです。「反対しているのは中国と韓国だけです。そのほかの国々の方々は参拝していますよ」と言うべきでしょう。

もう一つは韓国です。靖国問題で韓国のテレビ局から取材を受けたことが、何度かあります。私は「あなた方は『A級戦犯』合祀を理由に批判されますが、あなた方はわれわれと一緒に大東亜戦争を戦ったんではないですか」と問うと、彼らは黙ってしまいます。韓国に対して、「なぜ、『A級戦犯』を悪く言うのですか」と反問しなければなりません。

論拠が破綻している中国の主張

最後に、岸信介元首相に関する一つのエピソードを紹介しましょう。言うまでもなく、安倍晋三衆院議員の祖父にあたる人物です。

ご存じのように、一九七二年二月の米中の国交正常化は、ヘンリー・A・キッシンジャー氏（ニクソン政権およびフォード政権期の国家安全保障担当大統領補佐官、国務長官）の秘密外交から切り開かれたものです。さらに、それは同年九月の日中国交正常化を導くことになりました。米中・日中国交正常化の後、中国の歴代政権の最大の課題は、台湾との統一です。それが容易に進まない。

そこで、中国は、台湾と親しく、中国との橋渡しができる日本人に仲介を頼もうとしました。たとえば、親台湾派の大物の一人である国策研究会を主宰していた矢次一夫《やづきかずお》氏、あるいは文部大臣・衆議院議長などを歴任した灘尾弘吉《なだおひろきち》氏という人々です。そして、親台湾派の巨頭と言われた岸元首相にもお鉢《はち》がまわってきました。最大限の敬意を払って国賓待遇で中国に招待しようとしたのです。岸元首相自身が気が進まなかったこともあったでしょうが、そのほかにもいくつかの障害があったらしく実現しませんでした。ちなみに、矢次氏は訪中し、台湾から猛烈に非難されました。

岸氏の訪中は実現しませんでしたが、中国が岸氏を最高の賓客として招待しようとした事実は歴然として残ります。周知のように、岸氏は東條内閣の商工大臣であり、いわば「A級戦犯」候補として昭和二十三年十二月まで約二年間、巣鴨プリズンに拘置されました。もう一つ、中国人が言う「偽満洲国」の実力者の一人でした。「二キ三スケ」という言葉をご存じですか。これは満洲国の五人の実力者である、当時の関東軍参謀長・東條英機と満洲国国務院総務長官・星野直樹《ほしのなおき》の二人の「キ」、満洲重工業開発株式会社社長の鮎川義介《あゆかわよしすけ》、満洲国総務庁次長の岸信介、南満洲鉄道総裁の松岡洋右《まつおかようすけ》の三人の「スケ」から生まれた言葉です。

このように、岸氏は、満洲国の五大実力者の一人であり、東條内閣で商工大臣と軍需大臣を兼務し、最終的に巣鴨プリズンに収容された人です。その人を公的な賓客として中国に招くことになったならば、中国人民の感情にはどう響くのでしょうか。

何十年も昔に亡くなった人々を日本国内で靖国神社という一民間宗教法人に祀って、そこへ日本の首相が戦没者追悼のために参拝するということが、中国人民の感情を傷つけるのであれば、岸氏を国家の賓客として招くことは、はるかに中国人民の感情を傷つけることになるのではないでしょうか。まさしく中国が台湾を統一するためには、いかなる手段も採るということです。「靖国神社に日本の首相が参拝することは中国人民の感情を傷つける」という非難は、方便にすぎない(もちろん、ここでは中国側の矛盾した姿勢を取り上げているだけで、岸氏の過去を批判しているわけでは毛頭ありません)。

ですから、中国がこれまで主張してきた「A級戦犯」合祀を理由とする靖国神社参拝反対の論理はことごとく破綻していると言わざるを得ません。

事実を踏まえた議論の必要

日本の政治家の中で、中国と靖国問題について正面から堂々と議論したのは、私の知る限り、安倍晋三氏ほかごく限られた人々です。安倍氏は中国の王毅《おうき》駐日大使が首相が靖国参拝をしないように申し入れてきた際、重光葵《しげみつまもる》元外相を例に引いて、次のような趣旨のことを述べました。

「A級戦犯を批判されますが、重光葵さんはA級戦犯として七年の刑を受け、釈放されると政界に復帰し、改進党副総裁になり、さらに外務大臣に就任しました。日本が国連に加盟したとき、重光さんは国連で記念演説をしました。A級戦犯合祀が不当というならば、重光さんの復権も不当なのですか」と。

もともと国際連合は第二次世界大戦の戦勝国によって構成されました。国際連合の本来の英語表記は「United Nations」で、直訳すると「連合国」です。その証拠に、今でも国連憲章の中には、旧敵国条項というのが残っているぐらいです。

つまり、「戦犯」として裁かれて七年の刑を受けた人が、日本国の代表として国連で演説をして、最大限の拍手を受けたという実績があるのです。このような事実を安倍氏が述べると、王毅氏は黙ってしまったそうです。

また、山谷《やまたに》えり子参院議員が複数の国会議員と共に中国に赴いたときのことです。山谷議員は、「人民代」のナンバー2ぐらいの地位の人と会ったとき、先に述べた「戦犯」釈放運動のための四千万人の署名の事実を伝えると、当人は発言しなかったようですが、側近が驚いてそのデータを見せてほしいと頼んだそうです。帰国後ただちに該当する資料を集めて中国に送ったと聞いておりますが、それを中国側がどのように受け止めたのかわかりません。

今、申し上げたように、中国と靖国神社問題について議論するには、きちんとした事実と論理で応じることです。すると、中国もうかうかしたことは言えないことがわかります。政治家や外交官が、責任を持って堂々と議論すればよい。それがこれまでほとんどなされてこなかった。このことがこの問題をここまでこじらせてきた一因と言えましょう。中国も日本国内の動きが変わり、これ以上この問題で日本を追及すれば自国の不利益になると判断するとやめるでしょう。この点、中国は極めてドライです。中国のような独裁国家では、「中国人民の感情」など方便でしかありません。靖国神社問題を外交カードとして使っているにすぎない。そのことを中国自身はよくわかっています。だから、この問題が日本国民の本格的な反発を受けることが明らかになったならば、すぐ引っ込めるでしょう。

残念なことですが、今後も靖国神社問題が外交問題として論じられるという状況に変化はないでしょう。しかし、それは日本国内がきちんとしていれば対応できます。実は日本国内には中国に呼応する勢力があり、中国はそれを利用しているにすぎません。ですから、国内の心ある人々は、この問題についての正確な事実を認識し、自分なりに理論武装をすべきです。そして、そのような人々の意見が世論を制覇することができれば、この問題はおのずから収まっていくでしょう。靖国問題は「日中問題」ではなく、むしろ「日日問題である」という説も一理あると考えられますから。

本日の私の話が、なにがしかの参考になれば幸いに存じます。ご清聴ありがとうございました。

大原　康男（おおはら　やすお）

昭和17年（1942）、滋賀県生まれ。40年、京都大学法学部卒業。日清紡績株式会社勤務を経て、53年、國學院大學大学院博士課程（神道学専攻）修了。同大学日本文化研究所入所。同研究所教授、同大学神道文化学部教授を経て、平成25年、國學院大學名誉教授。博士（神道学）、学位論文「神道指令の研究」。

著書に『神道指令の研究』（原書房）、『「靖国神社への呪縛」を解く』（小学館文庫）、『平成の天皇論』『帝国陸海軍の光と影』『現代日本の国家と宗教』『詳録・皇室をめぐる国会論議』（展転社）、『教育勅語』（神社新報社）など多数。

●生涯学習ブックレット

いわゆる「A級戦犯」合祀と靖国問題について

平成20年11月20日　　初版第1刷発行
令和 2年 6月10日　　　第3刷発行

著　者　大原　康男

発　行　公益財団法人　モラロジー研究所
〒277-8654　千葉県柏市光ヶ丘2-1-1
TEL. 04-7173-3155（広報出版部）
https://www.moralogy.jp

発　売　学校法人　廣池学園事業部
〒277-8686　千葉県柏市光ヶ丘2-1-1
TEL. 04-7173-3158

印　刷　株式会社　長正社

ISBN978-4-89639-160-2
落丁・乱丁本はお取り替えいたします。